はじめに

　みなさんは今『ユニコン英和辞典』を手にしています．ほとんどの方は中学1年の頃から，英和辞典とつき合ってきたことと思います．高校に入り，分厚くなった辞書を手にして，「さあ，やるぞ！」とやる気を出している人がいる一方で，「こんな分厚い辞書なんて使えないよー！」と投げ出している人もいるのではないでしょうか？　そんなどちらのタイプの人にもぜひ使ってほしいのが，このガイドブックです．

　『ユニコン英和辞典』は「引き方がよくわからない」「引くのが面倒くさい」といった方から「もっと詳しく知りたい」という方まで十分活用していただけるように編集してあります．このガイドブックでは『ユニコン英和辞典』を使いこなすためのルール・注意点などを，対話形式でわかりやすくまとめています．多少面倒かもしれませんが，このガイドブックを最初に読んでおけば，引きやすさも，得られる知識もずいぶん違ってきます．みなさんが新しいパソコンを買ったときにたくさんの説明書がついてくると思います．もちろんそれを読まずにパソコンを使うことは可能ですが，読んで使うとより使いやすいでしょう．それと同じでこのガイドブックはいわば辞書の「説明書」なのです．

　一度「説明書」に載っているルールや約束事を覚えてしまえば，あとは自分の好きなように使っていただいてかまいません．自分のオリジナルの使い方を見つけてください．辞書は単語の意味だけでなく，使い方，文法知識，会話の表現から英米の文化まで載っているまさに宝の山です．この宝の山をどこまで掘り起こすかはあなた次第なのです．

　さあ，このガイドブックを使って『ユニコン英和辞典』を活用し，英語の世界に飛び出しましょう！（なお，このガイドブックは『ユニコン英和辞典』用に書かれたものです．ほかの英和辞典と利用法が異なる場合がありますのでご了承ください）

1 語句を見つけるには（1） ── 見出し語

Q: 探している語を見つけるのに，何かいい方法はありますか？

A: 英和辞典の見出し語は，**アルファベット順に並んでいる**ことは知っていますね．各ページの左右の上部には柱といって，そのページにある**最初の見出し語と最後の見出し語が示されています**．

Q: Aさんは辞書を引くとき，上のほうを見ていると思ったら，柱を見ていたんだ．これで，そのページに載っている見出し語の範囲がわかって，速く見つけることができるのですね．

A: また『ユニコン英和辞典』では，よく使う基本語は赤の大きな文字になっていて，すぐに目にとまるようになっています．

---

daughter 393 **day**

[*with*]: *daub* paint *on* the roof = *daub* the roof *with* paint 屋根にペンキを塗る．
── 名 **1** [C][U] 塗料，しっくい，粘土；[C] 少量の塗料．**2** [C] 汚れ．**3** [C]《口語》下手な絵．

***daugh・ter [dɔ́ːtər]
── 名 (複 **daugh・ters** [~z]) [C] **1** 娘 (cf. son 息子; → FAMILY 図): King Lear had three *daughters*. リア王には3人の娘があった．
2 [...から] 派生したもの，[...の] 子孫，結果 [*of*]: Italian is a *daughter of* Latin. イタリア語はラテン語から派生した言語である．

daugh・ter-in-law 名 (複 **daugh・ters-in-law, daugh・ter-in-laws**) [C] 息子の妻，嫁 (cf. son-in-law 娘の夫, 婿(だ); → FAMILY 図).

I loved him. 自分が彼を愛していることに突然気がついた．**3**《文語》始まる，現れる，発達し始める: The computer age has *dawned*. コンピュータ時代の幕開けである．
◆ dáwn chòrus [the ~]《英》夜明けに鳴く鳥の声．

***day [déi]
── 名 (複 **days** [~z]) **1** 日, 1日, 1昼夜 (→ 図): A *day* has twenty-four hours. 1日は24時間です / I'm planning to study three hours a *day*. 私は1日3時間勉強するつもりです / She stayed in Cairo for five *days*. 彼女はカイロに5日間滞在した / The baby was christened on the fifth *day* of his birth. その赤ん坊は生まれてから5日目に洗礼を受けた / Have a nice *day*! 行

Q: これは目立ちますね．ところで，前に cleverer という語を引こうと思ったら，見つからなかったのですが……

A: **見出し語は基本的な形で出ている**のが原則です．規則的な変化をする語は，変化語尾をとった形で載っています．名詞なら(e)s を取った**単数形**（例: days → day），動詞なら ed や ing などを取った**原形**（例: opened → open），形容詞と副詞は er や est を取った**原級**（cleverer → clever）という具合です．

Q: gave は give の過去形ですが，見出し語になっていますよ……

A: **不規則変化の語は，変化形も見出し語になっています**．ただし，その語の意味や用法はもとの形の見出し語で説明していますから，そちらを見るようにしてください．また，変化形については，このガイドブックの7ページでも触れていますので参照してください．

2 語句を見つけるには(2) ── 成句, 句動詞, 複合語, 派生語

Q: 2語以上の語句や表現を探すにはどうすればいいですか？

A: ■ のあとに出ているものは**成句**と言って，いくつかの語がまとまってある意味を表すものです．また，動詞が前置詞や副詞と結び付いて1つの意味を成すものは**句動詞**と言います．重要語を中心に 句動詞 欄を設けてありますが，そのほかでは成句に含めて載せています．

Q: **成句や句動詞もアルファベット順で並んでいる**のですね.

A: ええ，そうです．成句は，中心になる語の所で出ています．句動詞の場合は，動詞の所になります．見出し語に複数の品詞がある場合，成句は品詞ごとにまとめて出ているので注意してください．

***kitch·en** [kítʃən] 【原義は「料理する」】
── 名 (複 kitch·ens [~z]) C 台所, 調理場, キッチン (→前ページ [PICTURE BOX]): I usually eat breakfast in the *kitchen*. 私はふだん台所で朝食をとる．
■ *éverything but the kítchen sínk* 《口語》何もかも (◇人が必要以上に持って来る場合に言う).
◆ kítchen càbinet C **1** 台所用戸棚. **2** (大統領などの) 私設顧問団.
kítchen gàrden C 家庭菜園.
kítchen sínk C 台所の流し(台) (→成句 (↑)).

(eat)

句動詞 *éat awáy* 他 [eat away + O / eat + O + away] 〈もの〉を侵食する, 食い荒らす: The fire *ate away* the village. その火災は村をなめつくした. ── 自 [...を] 侵食する, むしばむ [*at*].
éat óut 自 外で食事をする, 外食する.
éat úp 他 [eat up + O / eat + O + up] **1** ...を食べつくす: *Eat up* the vegetable dish. 野

Q: ◆ のあとに出ているものは何ですか？

A: **複合語**と言って，見出し語のあとにほかの語が来て，1つの名詞になっているものです．『ユニコン英和辞典』ではこういった語句を**最初の語の項目の最後にまとめています**．

Q: 関連する複合語を一気に見ることができますね．

A: 複合語でもハイフンでつながれた語や，ハイフンがあるものとないものの両方がある場合は見出し語になっています．

Q: あれっ，見出し語よりも小さい文字で，少し引っ込んでいる控えめな単語がありますね……

A: **派生語**と言います．見出し語に -ly や -ness などがついて別の品詞の語になったもののうち，使用度があまり高くないもののことです．

*el·e·gant [éligənt] 形 **1** 優雅な, 上品な: *elegant* clothes 洗練された服 / You do look *elegant* today. きょうは上品に決まっているよ. **2** (推論・思考などが) 簡潔な, (問題解決などが) 手ぎわよい, 的確な.
el·e·gant·ly [~li] 副 優雅に; 手ぎわよく.

3 辞書の記号に慣れよう ── いろいろな記号

Q: 英和辞典にはいろいろな記号が使われていますね.

A: そうですね. 最初は大変かもしれませんが, 記号が何を表しているかを知ればよりよく辞書を活用することができます.

Q: 記号といえば発音記号がよくわからないんです……

A: 『ユニコン英和辞典』で使う発音記号は辞書の巻頭 xxxi ページの「**発音記号表**」に載っています. そこに出ている発音記号の例語を見ておくと, その記号がどういう音か理解することができます. 見出し語のあとの発音記号で英米で発音が異なる場合は [**米音 / 英音**] の順に / で区切って示しています. 注意すべき発音・アクセントには, 発音のあとに (☆**発音に注意**) (☆同音 …) などの注記があるので, 注意すべき発音をチェックできます.

Q: 試験でも発音に関する問題がよく出るので, この注記は役に立ちますね.

A: また, このガイドブックの後半では, それぞれの発音記号と発音のポイントを例語とともに示しています. CDに収録されたネイティブスピーカーの発音を聞いて, リズムにのって練習する方法を繰り返しましょう.

Q: そのほかにかっこだけでも何種類もあってわからないのですが……

A: 主な記号の用法は巻頭 xxxii ページにまとめてあります. ( ) は**省略可能な語・補足説明**など, [ ] は**言い換えができること・使い方の注記**など, 〈 〉は動詞の**目的語**, 〔 〕は語に**結びつく前置詞 (句)** やそれに対応する日本語を表しています.

Q: 具体例で言うと?

A: decide のあとに about が来ると「…について決める」, between が来ると「…のいずれかに決める」という意味になることを表します. 用例も出ていますね. また, 成句の decide for [in favor of] … は, decide for … と decide in favor of … の両方の表現があることを示しています.

(decide)

── 他 〔…について / …のいずれかに〕**決める**, 決心 [決定] する [*about / between*]: It is for me to *decide*. 決めるのは私です / Helen could not *decide between* the two proposals of marriage. ヘレンは2つの結婚の申し込みをどちらとも決めることができなかった / We have yet to *decide about* the date for our wedding. 私たちは結婚式の日取りについてまだ決めていない.

■ *decíde agàinst* … **1** …に不利な判決を下す. **2** …しないことに決める.
decíde for [*in fávor of*] … …に有利な判決を下す.
decíde on … …に決める: I *decided on* a

Q: ところで, 图 動 などというのは品詞の記号ですよね?

A: そうです. 品詞は語句や意味を探す上でとても重要ですから, 品詞の記号はぜひ覚えましょう. 巻頭 xxi ページで説明していますので, わからないものが出てきたら, 参照してください.

4 意味を探すには(1) ── 語義のまとめ,機能語のまとめ

Q: 意味を調べようと思っても,たくさん意味のある語だと,どれが探しているものに当てはまるのかがわからないことがあります.get なんて他動詞で15番,自動詞で5番まで意味の番号が出ていますよ.

A: get のように重要な意味がたくさんある語には,見出し語のすぐ下に,語義のまとめを設けてあるので心配しないでください.

***get** [gét] 動 名

> 基本的意味は「手に入れる」.
> I [獲得する]
> ① 得る;買う.　　　　　　　　　　　他 **1**
> ② 受け取る.　　　　　　　　　　　　他 **2**
> ③ 取って来る,持って来る.　　　　　他 **3**
> ④ 聞き取る;学ぶ.　　　　　　　　　他 **4, 5**
> II [ある状態にする]
> ⑤ …(の状態)にする,なる.　　　　他 **11**, 自 **1**
> ⑥ …させる,してもらう;…される.　他 **12, 13**, 自 **3**
> ⑦ 着く.　　　　　　　　　　　　　　自 **2**

Q: これがあると,どんな意味が何番にあるのかすぐにわかりますね.

A: get の場合のように,「手に入れる」という基本的意味や「獲得する」「ある状態にする」という大きな意味区分を設けて

***bring** [bríŋ] 【基本的意味は「…を持って来る」】

ある語もあります.たくさん意味があっても,中心となる意味から分かれてできたとも言えますから,基本となる意味を覚えることは重要です.語義のまとめがなくても,見出し語のあとに「基本的意味」を示してある語もあります.

Q: must には例文も付いた欄がありますが……

A: 助動詞,代名詞,接続詞など44の見出し語に,このような機能語のまとめを設けています.ここでは語義のまとめのほかに簡単な例文を載せて,用法もすぐにわかるようになっています.

***must**¹ [(弱) məst; (強) mʌ́st] 助 名

> ❶ 義務・必要 「…しなければならない」(→**1**)
> You <u>must</u> apologize to her.
> (あなたは彼女にわびなければならない)
> ❷ [must not do] 禁止 「…してはいけない」(→**2**)
> You <u>must not</u> touch this box.
> (この箱にさわってはいけない)
> ❸ 確信のある推量 「…に違いない」(→**3**)
> He <u>must</u> be hungry.
> (彼は腹が減っているに違いない)
> My father <u>must</u> have read my letter.
> (父は私の手紙を読んだに違いない)

Q: これだけ見れば,その語についての意味も使い方も覚えられるというわけですね.

A: そうです.でも,(→**1**)のように示してある本文のほうも必ず見てくださいね.さらに詳しく,丁寧な用法解説が出ていますから.

5 意味を探すには（2） ── ラベル，専門用語など

Q： 意味の番号の順番はどうやって決めているのですか？
A： **意味はよく使われる順で並んでいます**．また，近い意味のものは近くに出ています．
Q： 前のほうから見ていって，見当がついたら，その周りも見てみるといいのですね．
A： それと，**意味は品詞ごとに，動詞の場合は自動詞と他動詞**にも分かれて出ています．複数の品詞をもつ語の場合は，どの品詞かを見極めて探していくことも重要です．
Q： 意味の前に《口語》や『数学』などと入っているのは何ですか？
A： 《口語》などの記号は**スピーチレベル**といいます．その意味が用いられる地域・状況・文体の性質などを表しています．『数学』などの記号は**専門用語**を表すラベルで，特定の分野で用いることを表しています．これらも意味を探し出すヒントになりますね．スピーチレベル，専門用語については，巻頭 xxv ページに出ているので参照してください．

> *hor·ri·ble [hɔ́ːrəbl / hɔ́r-] 形 **1** 恐ろしい，ぞっとする: a *horrible* sight ぞっとする光景．
> **2** 《口語》ひどい，不快な: a *horrible* journey とても不愉快な旅行 / How *horrible* of him to say so! そんなことを言うとは彼はひどい奴だ．

(divide)

> **3**『数学』…を〔…で〕割る [*by*]；〔…を〕…で割る [*into*] (↔ multiply): 10 *divided* by 5 is 2. 10 割る 5 は 2 [10÷5＝2] / *Divide* 5 into 20, you get four. 20を5で割ると4になる．

Q： このあいだ I cannot put up with his manner. という文の put の意味がわからなくて，put を調べてみたのですが，どうもしっくりくるものがありませんでした．
A： 語句の意味は，番号のついている意味がすべてではありません．**成句や句動詞，複合語といった項目も探してみましょう**．
Q： put の 句動詞 に put up with ... というのがありました．「私は彼の方法に我慢ができない」という意味だったのですね．
A： この manner は「態度」と訳したほうがいいと思いますよ．文の中で1つの語とほかの語とのつながりを考えて，最もふさわしい意味を探すことが重要です．

(put)

> *pùt úp with ...* 他 …を我慢する，耐える: I cannot *put up with* your complaining any longer. 私はあなたがこれ以上不平を言うのに耐えられない．

6 変化形に気をつけよう —— 動詞の変化形など

Q: 英語で難しいなと思うことに語形変化がありますが，辞書ではどのように出ているのですか？

A: 品詞記号のあとの（ ）の中に太い字で示されているのが**変化形**です．不規則な変化をするものはすべて載っていますし，原則として見出し語にもなっています．大きな文字の重要語では規則変化でも変化形が入っています．

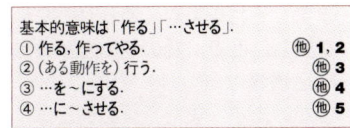

Q: make の項目の**三単現**というのは3人称単数現在形，**現分**というのは現在分詞で，真ん中の**過去・過分**というのは過去形・過去分詞が両方とも made ということですか？

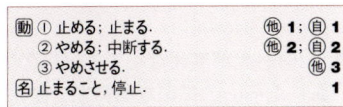

A: その通りです．過去形と過去分詞が別の形のときは別々に示してあります．名詞の複数形は**複**，形容詞・副詞の比較級は**比較**，最上級は**最上**です．

Q: stop の過去形と過去分詞は stopped ですが，これは不規則変化ではないのですか．

A: こういうものは規則変化に入ります．しかし『ユニコン英和辞典』では，stopped のように語尾の子音字が重なる動詞，語尾が y で終わる動詞・名詞・形容詞・副詞，o で終わる名詞などには，重要語以外でも変化形を示しています．では，offer と prefer の過去形はどうですか？

Q: 規則動詞ですから，offered と prefered でいいと思いますが．

A: offered は正解ですが，prefer の過去形は preferred です．両方とも重要語なので見出し語のあとに示されていますよ．規則動詞の変化形や名詞の複数形，形容詞・副詞の比較変化については，巻末 1749 ページの「**変化形の作り方**」に詳しく出ています．

7 用例の利用のしかた ── 英作文への応用

Q: 英和辞典の用例をよく読みなさいと言われますが，どんな効果があるのですか？

A: 意味のところに，用法の説明，文型，よく一緒に使われる語が載っています．それを実際に使われる文や句の形で示しているのが用例です．**用例を読むことで，語の使い方が身につく**というわけです．注意すべき**用法**や**補足情報**は（◇ ）の形で説明しています．また，＝のあとは，こういうふうにも言えますよ，という**同じ意味の別の表現**を示しています．

(buy)

た．(b) [buy + O + O / buy + O + for ...] 〈人〉に〈もの〉を買ってやる；おごる: He *bought* her a ring. ＝He *bought* a ring *for* her. 彼は彼女に指輪を買ってやった（◇受け身には次の2つが可能: A ring *was bought for* her (by him). ＝She *was bought* a ring (by him).) / I must *buy* myself a new racket. 自分用に新しいラケットを買わなくてはならない．/ Let me *buy* you lunch. ＝Let me *buy* lunch *for* you. 昼食は私がおごります．

Q: そんなにいろいろ書いてあると，みんな覚えるのは大変ですね……

A: 何も全部覚えなくてもいいのです．「この語はどんなふうに使うのかなあ」くらいの気楽な気持ちで読んでください．そうするうちに，語の意味も自然と身についてくるものです．

Q: テストで The baby was fast asleep. を「その赤ちゃんはすぐに眠った」と訳したら，×をもらってしまったのですが．

A: 用例の中に，探しているのと同じような表現が載っていることもあるので，**意味を探す手助けに**もなりますよ．

(fast)

4 ぐっすりと: He was so tired that he fell *fast* asleep in a few minutes. 彼はとても疲れていたので，数分もするとぐっすり寝入ってしまった．

Q: この fast は「ぐっすりと」という意味なのか．そのほかに用例の活用法はありますか？

A: 用例からわかる語と語の結び付きや用法を，**英作文に役立てる**こともできます．さらに『ユニコン英和辞典』では 130 ほどの コロケーション 欄を設けています（→巻頭 ix ページ　コロケーション一覧）．用例に加えて，コロケーション 欄を活用すれば，適切な表現が身につきます．

Q: 用例やコロケーションを和英辞典のように利用することもできるというわけですね．

(promise)

コロケーション　約束を…
約束をする: ***make** a promise*
約束を実行する: ***carry out** one's promise*
約束を守る: ***keep** one's promise*
約束を破る: ***break** one's promise*

8 動詞の扱いは ── 連語に用いる語(句), 文型

Q:「私たちはその問題について話し合った」という英作文で, We discussed about the matter. と書いたら×をもらってしまったのですが.

A: discuss はいつも目的語をとる他動詞として使います. この文の場合は about はいりません. 動詞には必ず 自 か 他 の表示がしてあるので, 意味だけでなく, **自動詞なのか他動詞なのか**ということにも注意しましょう. discuss の代わりに talk を使うと, We talked about the matter. となって about が入ります. この talk は自動詞の用法です.

Q: talk の意味のあとに [*about*] とあるのは, about と一緒に使うということですね.

A: いつもとは限りませんが, 動詞と一緒に使われることが多い前置詞や副詞を〔 〕や( )の中に**連語に用いる語(句)**として示しています. 1 つの語が他のどんな語と結び付いて, どんな意味の文をつくるのかということは重要です.

✱✱✱**dis·cuss** [diskʌ́s]

── 動 (三単現 **dis·cuss·es** [~iz]; 過去・過分 **dis·cussed** [~t]; 現分 **dis·cuss·ing** [~iŋ])
── 他 **1** (a) [discuss ＋O] […と]…について**話し合う**, **議論する**, 相談する (talk about) [*with*] (→ 類義語): The doctors *discussed* further treatments for the patient. 医師たちはその患者に対する今後の治療法について話し合った / He *discussed* the plan for the coming holidays *with* his friends. 彼は今度の休暇の予定について友人と話し合った. (b) [discuss ＋疑問詞節[句]] …かを話し合う: We *discussed* what we should do for the school festival. 私たちは学園祭で何をすべきか話し合った.

(talk)

2 […について] 話し合う, 相談する [*about*] (→ 句動詞 talk to ..., talk with ...): We *talked about* our school trip. 私たちは修学旅行について語り合った / What were they *talking about*? 彼らは何を話し合っていたのだろう.

Q: 文型も似たようなものですか?

A: **文型は, 動詞と補語・目的語の結び付きのパターンを示すもの**と言っていいでしょう. 上の discuss の [discuss ＋ O] や [discuss ＋疑問詞[句]], 左ページの [buy ＋ O ＋ O / buy ＋ O ＋ for ...] など訳の前に太字で示した部分が文型です. この中の O は目的語を示します.

Q: 何か難しそうですね.

A: 最初はとっつきにくくても, 文型の見方に慣れてしまえば, 意味を探すときや英作文に役立つはずです. また,『ユニコン英和辞典』では文型にそって訳を出していますので, とてもわかりやすいですよ. 詳しくは巻末 1744 ページの「**文型について**」を読んでください.

9 名詞の扱いは ── 数えられるか数えられないか

Q: Twenty people lost their life in the accident.という英文の誤りを指摘しなさい，という問題が出ましたが，わかりませんでした．意味は「20人の人がその事故で命を失った」ですよね．

A: その通りです．正解は life を lives に直す，ですね．

Q: 「命」の意味の life は複数形にならないと思っていましたが．

A: life の項目では，**1** のあとに U，**2** のあとに C の記号が入っていますね．**U は数えられない (uncountable) 名詞**，**C は数えられる (countable) 名詞**ということを示しています．「生きている状態としての命 (**1**)」は U ですが，「個々の人の命，人命 (**2**)」は C なのです．

Q: そうなんだ．feeling の **1** には C [通例，単数形で] とありますが……

A: 「数えられる名詞ですが単数形で使うことが多い」という**用法の注記**です．また，**2** の [～s] は feelings の形，つまり「複数形で使う」ことを表します．そのほかに「a や the を前につけて使う」ということを表す [a ～] [the ～] というものなどもあります．

Q: 名詞にも動詞みたいに文型があるのですか．

A: 文型の形よりも，一緒に使うことが多い前置詞（句）などの**連語に用いる語（句）**を示しているほうが多いです．bias のように，あとに toward が来るか against が来るかによってまったく逆の意味を表す場合もあります．名詞の場合も動詞と同じように，語と語の結び付きは重要なのです．

*****life** [láif]

──名 (複 **lives** [láivz]) **1** U **生命**，命，生きていること (↔ death): the origin of *life* 生命の起源 / the struggle for *life* 生存競争 / the right to *life* 生存権 / a matter of *life* and death 死活問題 / There was a sign of *life* in the seedling. その苗木には生命の息吹があった．
2 C (個人の) **命**，人命，生命: His *life* is in danger. 彼の命は危険な状態にある / Over 5,000 people lost their *lives* in the disaster. その災害で5,000人以上が亡くなった．

*****feel·ing** [fíːliŋ]
名 形
──名 (複 **feel·ings** [～z]) **1** C [通例，単数形で] […という] (漠然とした) **感じ**，気持ち，意識 [*of, that* 節]: a *feeling of* pleasure 快感 / a *feeling of* relief 安堵(ど)感 / I have a *feeling (that)* something unpleasant will happen. 何かいやなことが起きる予感がする．
2 [～s] (理性に対して) 感情，気分: I didn't intend to hurt her *feelings*. 私は彼女の感情を傷つけるつもりはなかった．

***bi·as** [báiəs] 名 U C **1** 先入観 (◇ prejudice と異なりよい意味にも用いる); [〜への] 思い入れ，えこひいき [*for, toward*]; […に対する] 偏見 [*against*]: without *bias* 偏見のない，公平な / He has a *bias toward* [*against*] rock music. 彼はロック音楽に好感[反感]を抱いている / She showed (an) obvious *bias against* his long hair. 彼女は彼の長髪にあからさまな反感を示した． **2** 性向，好み: a

10 語法って何？── 語法, 文法

Q: 「今度の日曜に遊びに行きます」という英作文で I'll go and see you next Sunday. と答えを書いたら×をもらってしまいました.

A: この場合は go ではなくて come を使います.

Q: だって「遊びに来てください」というときは Please come and see me. ですよね. だったら,「遊びに行く」なら go and see you ではないのですか？

A: come の **2** のところに 語法 の欄があって, go との違いが載っていますよ.

(come)

語法 come は相手を中心に相手のいる場所へ行くことを, go は話し手を中心に今いる場所を離れることを表す: I'll *come* to your office at three. 3 時に事務所へうかがいます (◇相手が事務所にいない場合は come の代わりに go を用いる).

Q: ああ, なるほど. 話している相手の所へ行くときは come なんだ. 語法っていうと何か難しいもののような気がするけれど, 語法 では**語の使い方を詳しく説明してくれる**のですね.

A: また, 意味や用例のあとにも必要に応じて（◇ ）の形で, 語の使い方の注意や細かいニュアンスなどを示しています. 意味がわかったらおしまい, というのではなく, **使い方の解説を読むように**心がけましょう.

Q: 聞いただけでも逃げたくなるものに, 文法がありますが……

A: まあ, そんなにいやがらずに.『ユニコン英和辞典』では 34 の 文法 の欄を設けて, **文法の基本中の基本を図解入りでやさしく解説**しています. これさえ読めば, あなたの文法嫌いも治まると思いますよ（→巻頭 xiv ページ「文法一覧」).

文法 形 容 詞

形容詞は, 人やものの性質・状態・数量などを表す語で, 名詞・代名詞を修飾したり, 動詞の補語になる働きをします.

【形容詞の用法】

❶ **限定用法**：名詞・代名詞を直接修飾します.

■ **形容詞＋名詞**

I like red roses. （私は赤いバラが好きです）
　　　　↑名詞を修飾

■ **名詞[代名詞]＋形容詞**

I know a man poor but contented.
　　　　　↑　　　↑名詞を修飾
（私は貧しいが満ち足りた人を知っている）

I want something cold to drink.
　　　　↑　　　　↑代名詞を修飾
（私は何か冷たい飲み物が欲しい）

❷ **叙述用法**：動詞の補語になります.

■ **主語＋動詞＋補語（＝形容詞）**

She is beautiful. （彼女は美しい）
　　　　↑主語を説明

■ **主語＋動詞＋目的語＋補語（＝形容詞）**

He always keeps his room clean.
　　　　　　　　　↑目的語を説明
（彼はいつも部屋をきれいにしている）

【形容詞の順序】

形容詞は通例, 次の順序で並べます.

数量 → 大小 → 形 → 性質 → 新旧 → 色 → 国籍 材料

I found some little round old copper
coins. 数量　大小　形　　新旧　材料
（私は何枚かの小さな円い古い銅貨を見つけた）

11

11 会話もおまかせ ── 用例, LET'S TALK, PICTURE BOX

Q: 英和辞典は意味を調べるためのものですよね？ 会話の表現は少ないのではないですか？

A: そんなことはありません．用例や成句に，**会話表現や会話形式の例**がたくさん載っています．（◇ ）や 語法 で使い方を解説したものもあります．

Q: 試験でも会話の受け答えの問題がよく出るけれど，こういうことが載っていると便利ですね．

A: **LET'S TALK** では 30 の**テーマに沿って会話表現を紹介**しています（→巻頭 viii ページ「LET'S TALK 一覧」）．そのテーマで最もよく使う表現を覚えられるだけではなく，解説を読んで，その場その場に応じた表現を身につけることができます．

(may)

(b) [May I do?] …していいですか（➡ [LET'S TALK]）: *May I* use your dictionary?—Yes, certainly [No, please don't]. / Yes, you *may* [No, you *may* not]. あなたの辞書を使ってもいいですかー ええ，いいですよ [いいえ，だめです] / *May I* speak to Mr. Taylor? テイラーさんをお願いします（◇電話で）/ *May I* help you? 何かお探しですか（◇店員が客に）.

語法 (1) **May I ...?** と **Can I ...?**
May I ...? のほうが丁寧だが，格式ばった言い方なので《米口語》では Can I ...? を用いることが多い.
(2) **May I ...?** に対する答え方
Yes, you *may*. または No, you *may* not. は子供や目下の人に対して用いるぞんざいな答え方．通例，肯定の答えには Yes, certainly. / Yes, please. / Sure. / Why not? などを，否定の答えには No, please don't. などを用いる．

LET'S TALK お祝いの言葉

[基本] **Congratulations!**

Jenny: **I passed the examination to New York University.**
（ニューヨーク大学の入学試験に合格しました）

Miho: **Congratulations! That's wonderful.**
（おめでとう．すごいですね）

「おめでとう」とお祝いの言葉をかけるときには，Congratulations! と言いましょう．この言葉は相手の勝利や成功など，いろいろな場面で使うことができます．ただし，「誕生日おめでとう」は Happy birthday!，「新年おめでとう」は Happy New Year! と言い，Congratulations! は使えません．

Congratulations! の代わりに，「よくやったね」の意味で，Well done! または Good job! と言うこともあります．ただし，これらの表現は相手が努力の結果，何かすばらしいことをやりとげたときに限ります．

[類例] A: I won the championship in the tennis tournament. （テニスの大会で優勝しました）
B: Well done! （よくやったね）

Q: 旅行で役立つ会話表現みたいのはないのですか？

A: **PICTURE BOX** にはものの名前のほかに，空港やホテルなど場面別に**会話の表現や動作の表現**を入れてあります．きっと役に立ちますよ（→巻頭 viii ページ「PICTURE BOX 一覧」）．付属のCDには **LET'S TALK** と **PICTURE BOX** の表現を収録しています．その場面でよく使われる会話例も収録していますので，ぜひ一度聞いてみてください．

12 よくばって覚えよう ― 参照, 類義語, 関連語

Q: →は「そこを見なさい」という意味の記号ですね．でも，見ると何かいいことがあるのですか？

A: →をどんどん見ていったら，最後に何もなかった……ということはありませんよ．たとえば，look の **1(a)** には see の類義語欄を参照してください，とあります．

Q: 類義語欄には何が載っているのですか？

A: 類義語欄では，まず各語の共通の意味を日本語と英語で示し，それから各語の違いを用例付きで解説しています．see の 類義語 では see と look と watch を扱っていますね．このように，look の項目だけを見るよりも 類義語 を見ることでより深く理解することができるのです．

Q: でも毎回参照してたら，疲れてしまうよなあ……

A: いつも参照しなくてもいいのですよ．→は命令ではないのですから．でも，得するお誘いだということはわかりましたよね．また，←→は反意語，cf. は関連語を示します．反対の意味の語や関連した語も一緒に学べます．関連語 ではその語の仲間を紹介しています．

Q: 1つの語からどんどん輪が広がっていくのですね．

A: 各項目の最後にある（▷ ）は参照の派生語といって，品詞は違っているけれど，いわば親戚にあたる語を挙げています．テストにも違う品詞の語を答えるような問題が出ることがあるでしょう？

Q: 英和辞典っていろいろと工夫してあるんですね．

****look [lúk]
— 動 名
— 動 （三単現 **looks** [~s]; 過去・過分 **looked** [~t]; 現分 **look·ing** [~iŋ]）
— 自 **1** (**a**)（意識的に）見る，目を向ける（→ see 類義語）: If you *look* carefully, you can see

(see)

類義語 **see, look, watch**
共通する意味▶見る (perceive ... with the eyes)
see は「偶然または自然に目に入る」の意．また，映画・演劇・試合・名所などを「意図的に見る，見物する」の意にも用いる: He *saw* the accident. 彼はその事故を目撃した / I *saw* the baseball game on TV. 私はテレビで野球の試合を見た．
look は「意図的に視線を向ける」の意: I *looked* up at the sky and saw a bright full moon. 空を見上げたら明るい満月が見えた．
watch は注意を集中して「観察する，見守る」の意: Just *watch* what happens when I press this button. このボタンを押したら何が起こるかちょっと見てでらん．

(race)

関連語 automobile [motor] race 自動車レース / bicycle race 自転車レース / boat race ボートレース / horse race 競馬 / obstacle race 障害物競走 / relay race リレー競走 / sprint race 短距離競走

*se·cre·cy [síːkrəsi] 名 U **1** 秘密(の状態)，内密: in *secrecy* 内密に． **2** 口の固いこと，秘密を守ること: swear ... to *secrecy* …に秘密を守ることを誓う． (▷ 形 sécret)

13 英米文化を知ろう ― 〔背景〕, PICTURE BOX

Q: 外国語を学ぶには,その文化を知ることが重要だと言われますが……
A: その通りです.言葉はその土地の文化の中ではぐくまれたものですからね.
『ユニコン英和辞典』の〔背景〕,参考〔,解説〔 は,<u>その語句に関する文化的・社会的な知識を紹介</u>するものです.みなさんが将来海外へ行くようなことがあれば,その国の文化や習慣について知っていることも大切です.

Q: ここには写真もありますね.
A: そのほかにも,みなさんの理解を助ける<u>挿絵・図や表,PICTURE BOX</u> があります(それぞれ巻頭の一覧を参照).

Q: 絵や写真があると覚えるのにも楽しいし,なかなか忘れないような気もしますね.ところで,意味の前に《米》《英》という記号が入っていることがありますが……

A: 《米》は<u>米国用法</u>,《英》は<u>英国用法</u>ということです.たとえば,trunk はアメリカでは「(車の)トランク」の意味ですが,イギリスでは代わりに boot を使うということです.

Q: 日本語にも方言があるように,同じ英語でも,地域によってあるものをさす語が違うことがあるのですね.

A: car の PICTURE BOX では,車の部位の名称の英米での違いをまとめて載せています.また,英米の公休日をまとめた holiday の表などからも,その国ごとの情報が得られますよ.

(present)

〔背景〕 英米でもクリスマス・誕生日・結婚などの際にプレゼントを贈る習慣がある.しかし,日本のようにお中元やお歳暮を贈るといった習慣はない.アメリカでは結婚祝いにお金を包むという習慣は一般的でなく,新婚夫婦の希望するものを贈ることが多い.贈り物を渡すときには,This is for you. (これはあなたへのプレゼントです),I've got something for you. (あなたに渡したいものがあります)などと言う.

(trunk)

って木の葉を取っていた. **5** 《米》(車の)**トランク**, 荷物入れ(《英》boot)(→ CAR [PICTURE BOX]).

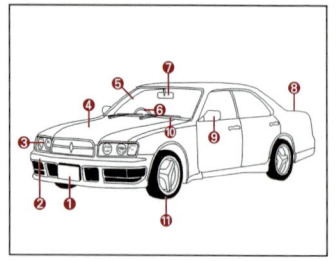

PICTURE BOX car

❶license plate [《英》numberplate] ナンバープレート ❷bumper バンパー ❸headlight ヘッドライト ❹hood [《英》bonnet] ボンネット ❺windshield [《英》windscreen] フロントガラス ❻steering wheel ハンドル ❼rearview mirror バックミラー ❽trunk [《英》boot] トランク ❾side [《英》wing] mirror サイドミラー ❿wiper ワイパー ⓫tire [《英》tyre] タイヤ

14 和英索引を活用しよう ── 和製英語の確認, 本文との連動

Q: 外国人に通じない英語とか, 和製英語があると聞いたことがありますが……

A: では「クラシック音楽」は英語では何と言うか知っていますか？

Q: classic music ではないのですか？

A: class<u>ical</u> music です. ほかに「ガードマン」は guard や security guard,「サラリーマン」は office worker などと言います.

※**clas・sic** [klǽsik] 形 [比較なし; 通例, 限定用法]
1 古典の《古代ギリシャ・ローマをさす》; 伝統的な, 由緒ある: *classic* culture 古典文化.（比較）日本語の「クラシック音楽」は classical music と言う）

(guard)

── 名 **1** ⓒ 警備員, ガードマン; 護衛, ボディーガード;《米》(刑務所などの) 看守 (《英》 warder): a security *guard* 警備員.（比較）「ガードマン, SP」は和製英語）

Q: ずいぶん違うのですね.

A: 上に挙げた和製英語などは 比較 で解説を載せています. また, 巻末の「和英索引」でもこれらの単語を調べることができます. 和英索引では, 日本語で引いて英語を見つけ出すことができるので, 英語をど忘れしてしまったときに役立つのはもちろん, 本文（英和辞典）と連動させて使えば, 英作文に役立ちますよ.

Q: ▶ のあとに「写真家」「…の写真を撮る」などの関連する表現も載っているし, これなら和英辞典もいらないですね.

A: 本格的な和英辞典というわけにはいきませんから, その語の使い方や細かな意味の違いなどは**必ず本文を参照して確認する**ようにしてください. また, 和英索引では, 類義語 にあるものには, →で参照させていますので必ず見るようにしてください. どの語を使うのが適切かがわかります.

しゃしん 写真
a picture, a photograph,（口語）a photo
▶写真家 a photographer
…の写真を撮る take a photograph [picture] of
写真を写してもらう have [get] one's photograph taken スナップ写真 a

いう 言う say, speak, tell;
(…と呼ぶ) call
→ SAY 類義語
▶言うまでもなく needless to say …と言われている They say ... / It is said that ...
いえ 家 a house, a home
→ HOUSE 類義語

Q: よーし！ ここまで使い方を覚えたら, もうバッチリですね.

A: ここまで一緒に見てきたことは辞書の基本的なルールです. これから自分なりの使い方を見つけてくださいね.

Q: はい. がんばります！

発音解説・CD スクリプト

　ここからは『ユニコン英和辞典』付属 CD に収録している発音解説とすべてのスクリプトを示しています．CD を繰り返し聞き，声に出して練習することで正しい発音を身につけ，重要な表現を耳で覚えましょう．なお，この CD では標準的な米音のみを収録しています．

■ 発音

　このパートでは辞書の巻頭 xxxi ページに示した「発音記号表」の発音記号と，そこに挙げた例語にいくつか加えたものをネイティブスピーカーに読んでいただきます．それぞれの語は 2 回吹き込まれています．1 回目 "Listen." でよく聞いて，2 回目 "Repeat to the rhythm." でリズムにのせて声に出して練習しましょう．日本語の解説と図も参考にしてください．

CD －2　発音記号　母音 (vowels)

　「母音」は日本語の「アイウエオ」の仲間ですが，英語特有のものがあります．一般に「母音」は呼気の流れが歯や舌に妨げられることなく発音されます．発音のポイントは口の開き具合です．

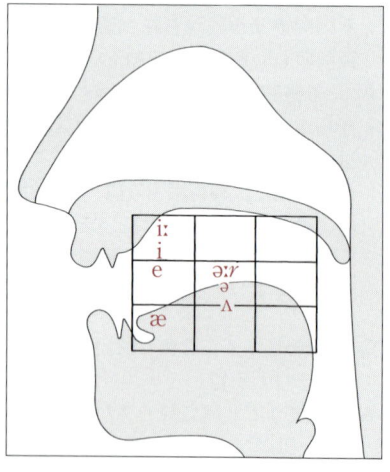

[i]　big (大きい)，hit (…を打つ)，dish (皿)，Internet (インターネット)，minute (分)　(→図)
　日本語の「イ」と「エ」の中間のような音で，口の緊張をゆるめて発音します．

[i:]　eat (…を食べる)，peace (平和)，see (…が見える)，teacher (先生)，weekend (週末)　(→図)
　[i] の音を単に引き延ばした音とは違います．口を横に広げ，舌の両側が上の歯につくようにして発音します．日本語の「イ」よりも緊張した音です．

[e]　bed (ベッド)，dress (ドレス)，many (多くの)，pencil (鉛筆)，ready (用意のできた)　(→図)
　日本語の「エ」よりも少し奥で発音します．

[æ] apple (リンゴ), bad (悪い), cap (帽子), happy (幸福な), national (国の) (→図)
[æ/ɑː] ask (…を尋ねる), after (…のあと), laugh (笑う), passport (パスポート), task (仕事)

  [æ] は日本語にない強い音です．「エ」の口の構えで「ア」を発音するとよいでしょう．舌先は下の歯のつけ根あたりにつけます．

[ɑː] calm (静かな), father (父), garage (車庫), palm (手のひら), spa (温泉)
[ɑːr] arm (腕), garden (庭), market (市場), park (公園), start (始まる)

  [ɑː] [ɑːr] は日本語の「アー」よりも口を大きく開いて発音します．舌の位置を低くし，奥の方から声を出すようにします．

[ɑ/ɔ] lot (多数), box (箱), rocket (ロケット), topic (話題), watch (腕時計)

  日本語の「オ」よりも口を大きく開き，舌の位置を少し奥に置いて発音します．

[ɔː/ɔ] cloth (布), long (長い), soft (柔らかい), song (歌), wrong (間違った)
[ɔː] daughter (娘), law (法), story (話), thought (考え), walk (歩く)
[ɔːr] door (ドア), force (力), north (北), quarter (4分の1), sport (スポーツ)

  [ɔː] [ɔːr] は日本語の「オ」よりも唇を丸めて，舌をのどの奥の方へ引き込むようにして発音します．

[ʌ] cup (カップ), love (愛), sun (太陽), touch (…にさわる), wonder (…かしらと思う) (→図)

  日本語の「ア」とほぼ同じですが，緊張を伴って瞬間的に発音します．

[u] book (本), good (よい), put (…を置く), took (take の過去形), wooden (木製の)

  日本語の「ウ」を唇を丸く突き出して発音します．

[uː] blue (青), goose (ガチョウ), spoon (スプーン), two (2), true (本当の)
[juː] due (予定で), new (新しい), pursue (…を追求する), student (学生), Tuesday (火曜日)

  [uː] は唇を丸く突き出し，舌をやや奥の方へ引きながら発音します．

[ə] about (…について), common (普通の), suppose (…と思う), television (テレビ), welcome (…を歓迎する) (→図)
[ər] eastern (東の), teacher (先生), picture (絵), remember (…を覚えている), western (西の)

  [ə] はアクセントのない音節中で [ʌ] の代わりに用います．[ʌ] よりも弱く，

ため息をつくように発音します．

[əːr] **ear**ly (早い), **nur**se (看護師), st**ir** (…をかき混ぜる), th**ir**ty (30), w**or**ld (世界) (→図)
口の両端に力を入れ，舌の両端を上の奥歯につけて発音します．緊張させるのを忘れないようにしましょう．

[ei] d**ay** (日), f**a**ce (顔), s**ay** (…を言う), tr**ai**n (列車), w**ai**t (待つ)
舌の位置を [e] から [i] に移動させて発音します．[e] の部分が [i] より強く長くなります．

[ai] b**uy** (…を買う), h**igh** (高い), pr**i**ce (値段), r**igh**t (正しい), t**i**ger (トラ)
[a] を発音したあと，口を横に広げて [i] を発音します．[a] の部分が [i] より強く長くなります．

[ɔi] b**oy** (男の子), ch**oi**ce (選択), enj**oy** (…を楽しむ), n**oi**se (騒音), p**oi**nt (要点)
口を丸めて [ɔ] を発音したあと，口を横に広げて [i] を発音します．[ɔ] の部分が [i] より強く長くなります．

[ou] g**oa**t (ヤギ), n**o**te (メモ), sh**ow** (…を見せる), sl**ow**ly (ゆっくり), thr**ow** (…を投げる)
口を丸めて [o] を発音したあと，[u] を発音します．[o] の部分が [u] より強く長くなります．

[au] n**ow** (今), m**ou**th (口), p**ou**nd (ポンド), s**ou**nd (音), t**ow**n (町)
[a] を発音したあと，唇を丸めて [u] を発音します．[a] の部分が [u] より強く長くなります．

[iər] cl**ear** (はっきりした), **ear** (耳), d**eer** (シカ), h**ere** (ここに), n**ear** (…の近くに)
[eər] **air** (空気), c**are** (世話), h**air** (髪), sq**uare** (正方形), w**ear** (…を身に着けている)
[uər] c**ure** (…を治す), p**oor** (貧しい), p**ure** (純粋な), s**ure** (確信して), t**our** (旅行)
それぞれ [i] [e] [u] のあとに [ər] の音が続きます．[ər] の部分は弱く発音します．

CD －3　発音記号　子音 (consonants)

「子音」は歯や舌で呼気の流れをじゃまして発音されます．英語では非常に大切な音ですので，何度も練習しましょう．日本人は呼気が弱いので，

慣れるまでは意識的に呼気を強めて発音するとよいでしょう．

[p]（無声） pen (ペン), picnic (ピクニック), copy (写し), happen (起こる), map (地図)

[b]（有声） bad (悪い), boy (男の子), bubble (泡), club (クラブ), job (仕事)

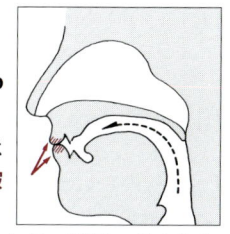

[p] は日本語のパ行の子音と，[b] はバ行の子音とほぼ同じですが，図の矢印のように**口を閉じ，強く破裂させます**．[p] は無声音で声帯は振動しませんが，[b] は有声音で声帯が振動します．なお，map, club など，語尾に来るときはきわめて弱くなり，時には発音の構えだけで音は発しないまま終わることがあります．

[t]（無声） tea (茶), tight (きつい), button (ボタン), station (駅), test (テスト)

[d]（有声） day (日), doctor (医師), ladder (はしご), odd (風変わりな), pond (池)

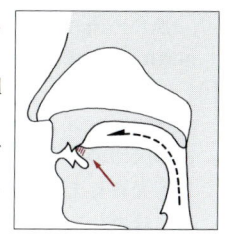

[t] は日本語のタ行の子音と，[d] はダ行の子音とほぼ同じですが，図の矢印のように**舌先を上の歯ぐきにつけて強く破裂させます**．語尾の [t] [d] は弱まります．

[k]（無声） cat (猫), clock (時計), school (学校), ticket (切符), walk (歩く)

[g]（有声） get (…を得る), giggle (くすくす笑う), ghost (幽霊), leg (足), pig (豚)

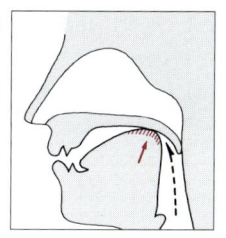

[k] は日本語のカ行の子音と，[g] はガ行の子音とほぼ同じですが，日本語よりも**強く破裂させます**．語尾の [g] は弱まります．

[tʃ]（無声） chair (いす), chance (可能性), church (教会), match (試合), nature (自然)

[dʒ]（有声） jump (跳ぶ), June (6月), judge (裁判官), age (年齢), soldier (軍人)

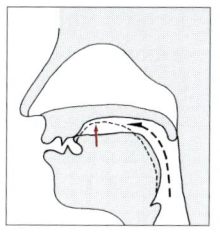

[tʃ] は日本語のチャ行の子音と，[dʒ] はジャ行の子音とほぼ同じです．**唇を丸く突き出し**，図の矢印のように**舌先を上の歯ぐきにつけて発音します**．語尾の [tʃ] [dʒ] は弱まります．

[ts] (無声) cats (cat (猫) の複数形), hats (hat (帽子) の複数形), puts (put (…を置く) の三単現), tastes (taste (味) の複数形), wastes (waste (…をむだに使う) の三単現)

[dz] (有声) birds (bird (鳥) の複数形), needs (need (…を必要とする) の三単現), reads (read (…を読む) の三単現), stands (stand (立っている) の三単現), words (word (語) の複数形)

[f] (無声) face (顔), fall (落ちる), coffee (コーヒー), soft (柔らかい), rough (ざらざらした)

[v] (有声) very (とても), village (村), heavy (重い), move (…を動かす), twelve (12)

図の矢印のように下唇を上の前歯に軽くあてて発音する点で，日本語の「フ」「ブ」とは違います．語尾の [f] [v] は弱まります．

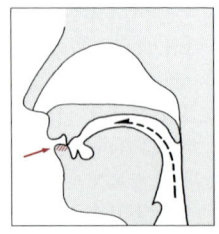

[θ] (無声) thank (…に礼を言う), thing (物), author (著者), north (北), path (小道)

[ð] (有声) this (これ), that (あれ), other (ほかの), northern (北の), smooth (滑らかな)

図の矢印のように舌先を上下の歯で軽くかむようにして発音します．日本語にはない音なので，しっかりと練習しましょう．

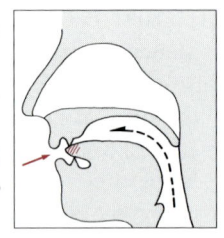

[s] (無声) soon (まもなく), cease (やむ), sister (姉妹), system (組織), various (いろいろな)

[z] (有声) zoo (動物園), zone (地帯), buzz (ぶんぶんいう), houses (house (家) の複数形), roses (rose (バラ) の複数形)

舌先を上の歯ぐきに接近させて発音します．日本語の「ス」「ズ」に似た音です．

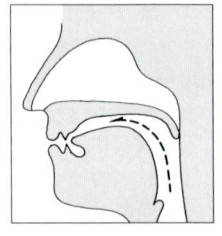

[ʃ] (無声) ship (船), sure (確信して), machine (機械), station (駅), wash (…を洗う)

[ʒ] (有声) usual (いつもの), casual (何気ない), pleasure (喜び), vision (視力), television (テレビ)

舌先を [s] [z] のときよりもやや奥の方に接近させて発音します．どちらも図の矢印のように唇を丸く突き出して発音します．[dʒ] が破裂音なのに対し，[ʒ] は破裂を伴いません．

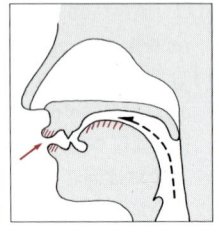

[m] man (男), mother (母), hammer (金づち), sum (金額), storm (あらし)

[n] nice (すてきな), funny (おかしい), know (…を知っている), minute (分), one (1)

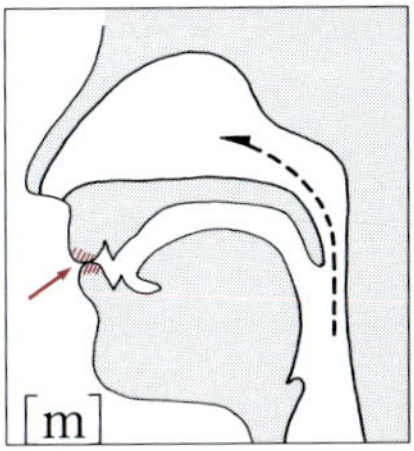

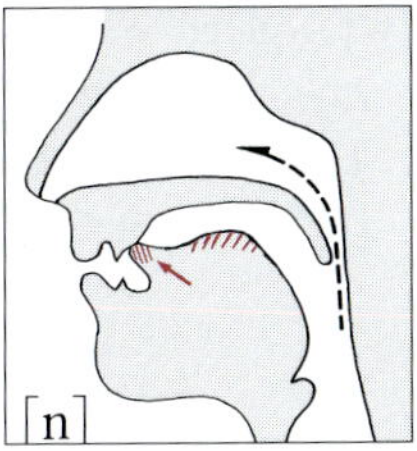

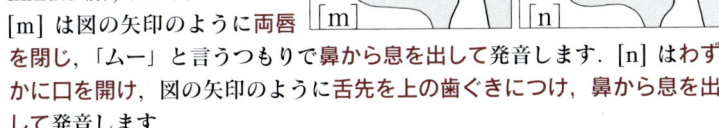

[m] は図の矢印のように両唇を閉じ,「ムー」と言うつもりで鼻から息を出して発音します. [n] はわずかに口を開け, 図の矢印のように舌先を上の歯ぐきにつけ, 鼻から息を出して発音します.

[ŋ] sing (歌う), long (長い), wing (翼), pink (桃色の), thanks (thank (感謝) の複数形)

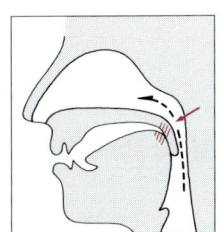

図の矢印のように舌の後部を上あごにつけ, 鼻から息を出して発音します. 日本語の「漫画」「短歌」をゆっくり発音して舌の動きを意識すると参考になります.

[l] light (光), lily (ユリ), valley (谷), feel (…と感じる), tall (背の高い)

[r] red (赤い), river (川), write (…を書く), sorry (すまなく思って), arrange (…を取り決める)

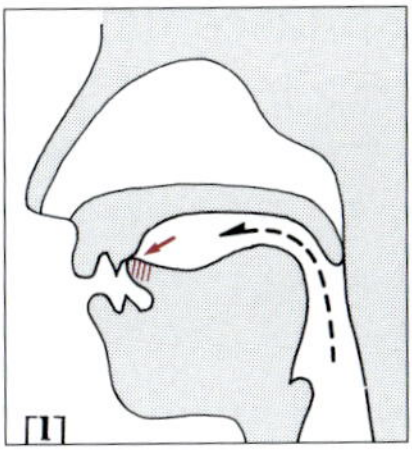

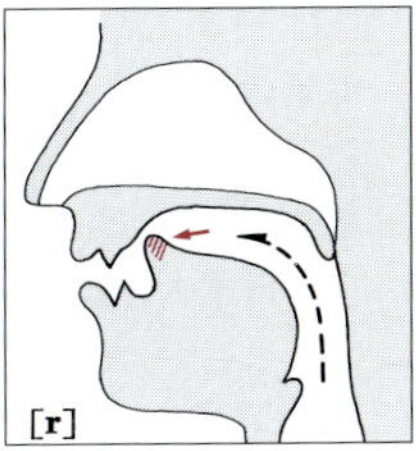

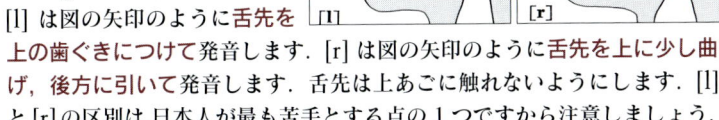

[l] は図の矢印のように舌先を上の歯ぐきにつけて発音します. [r] は図の矢印のように舌先を上に少し曲げ, 後方に引いて発音します. 舌先は上あごに触れないようにします. [l] と [r] の区別は, 日本人が最も苦手とする点の1つですから注意しましょう.

[j] yard (ヤード), year (年), yes (はい), yellow (黄色い), young (若い)

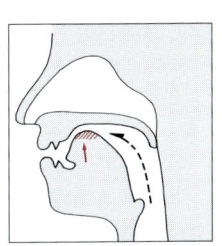

日本語のヤ行の子音とほぼ同じです (母音ではありません). 図の矢印のように舌の中央を上あごに近づけて発音します.

[w] queen (女王), wet (ぬれた), win (…に勝つ), weather (天気), woman (女)

日本語のワ行の子音とほぼ同じですが，図の矢印のように唇を丸く突き出して強く発音します．

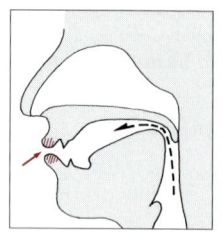

[h] hand (手), how (どうやって), whole (全体の), behind (…のうしろに), behave (ふるまう)

日本語のハ行の子音とほぼ同じです．ただし，日本人は呼気が弱いので，意識的に強く発音しましょう．

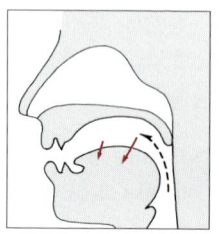

■ 発音解説 [本文 p.1741-43]

このパートは本文 1741-43 ページの発音解説中の例文を収録しています．発音の注意すべき点を実際に耳で聞いてみましょう．

CD－4 アクセント (accents) [本文 p. 1741]

英語の発音で，アクセント（強勢）は最も重要と言っても過言ではないでしょう．アクセントには①音程の高低と，②音の強弱がありますが，日本語には①はあっても，②はよほどの場合以外には現れません．ですから，日本人は特に②を意識して発音する必要があります．

(1) 語アクセント (word accent) (詳しくは本文 p.1741 参照)

head・ache [hédèik]（頭痛）
u・ni・ver・sal [jùːnivə́ːrsəl]（全世界の）
an・ni・ver・sa・ry [æ̀nivə́ːrsəri]（記念日）

(2) 語群[句]アクセント (word group [phrase] accent) (詳しくは本文 p. 1741 参照)

[名詞 + 名詞]
a cóuntry wálk (郊外の散歩)   a cóuntry clùb (カントリークラブ)
a Frénch téacher (フランス人の先生)   a Frénch tèacher (フランス語の先生)
[形容詞 + 名詞]
a bláck bóard (黒い板)   a bláckbòard (黒板)

a whíte hóuse (白い家)　　　　　　the Whíte Hòuse (ホワイトハウス)
[現在分詞 + 名詞]　　　　　　　**[動名詞 + 名詞]**
a smóking róom (煙の出ている部屋)　a smóking ròom (喫煙室)
a sléeping báby (眠っている赤ん坊)　a sléeping càr (寝台車)

(3) 文アクセント (sentence accent) (詳しくは本文 p.1741-42 参照)

・Mr. Jónes is Máry's téacher. （ジョーンズ先生はメアリーの先生です）
　Her fáther líves in the cóuntry. （彼女の父親は田舎に住んでいます）
・Did Hélen buy the car yesterday? － No, but Lúcy did.
　　（きのうあの車を買ったのはヘレンですか － いいえ，ルーシーです）
　Did Helen búy the car yesterday? － No, but she sóld it.
　　（ヘレンはきのうあの車を買いましたか － いいえ，売ったのです）
　Did Helen buy the cár yesterday? － No, but she bought the bícycle.
　　（ヘレンがきのう買ったのはあの車ですか － いいえ，自転車です）
　Did Helen buy the car yésterday ? － No, but she did the dáy befòre yésterday. （ヘレンがあの車を買ったのはきのうですか － いいえ，おとといです）

■ 文アクセントの例 (詳しくは本文 p. 1742 参照)

[名詞・形容詞]
He is a fást rúnner. (彼は走るのが速い)
We had a góod tíme during the vacátion. (私たちは休暇中楽しい時を過ごした)
Árt is lóng, lífe is shórt. （学ぶべきことは多く，人生は短い）
[動詞]
He wórks hárd at éverything. （彼はあらゆることに一生懸命働く）
Cáre kílled a cát. （猫でさえも心配[苦労]のために死んだ）
I am a déntist. （私は歯科医です）
Are you a déntist? － Yes, I ám. （あなたは歯医者ですか － はい，そうです）
[副詞]
He is nów a nátional héro. （彼は今や国民的英雄です）
Gét óut (of hére)! （出て行け）
Cóme hére. （ここへいらっしゃい）
She wórked hárd. （彼女は一生懸命働いた）
Has she nót arríved yét? （彼女はまだ到着していないのですか）
[代名詞]
Thís is a bállpoint pén. （これはボールペンです）
Thát is my cóusin. （あれは私のいとこです）

Whát is thát? (あれは何ですか)
Whó is at the dóor? (だれが戸口にいますか)
Áll was lóst in the fíre. (すべてのものが火事で失われた)
Sóme of the mílk was spílled. (ミルクのいくらかはこぼれた)

■ 文アクセントを置かない例 (詳しくは本文 p.1742 参照)

[冠詞・前置詞]

He is a góod ártist. (彼は立派な芸術家です)
I gét up éarly in the mórning. (私は朝早く起きます)
I álways éat lúnch at nóon. (私はいつも正午に昼食を食べます)

[接続詞・助動詞]

Make háy while the sún shínes. (日の照っているうちに干し草を作れ)
I do nót háve any móney. (私はお金を持っていない)
Whát are you tálking about? (あなたは何の話をしているのですか)
I will gíve you this bóok. (あなたにこの本をあげます)

[代名詞]

I will be glád to sée you ány tíme. (いつでも喜んでお目にかかります)
I know the gírl who cáme here yésterday. (私はきのうここへ来た少女を知っています)
Hélp yourself to ánything you líke. (好きなものは何でも召し上がってください)

■ 文アクセントの例外 (詳しくは本文 p.1743 参照)

・I líke hím bétter than hér. (私は彼女よりも彼のほうが好きです)
  Shé is ríght, and hé is wróng. (彼女は正しくて彼は間違っている)
・Hów mány ápples do you háve? － I have twó apples. (リンゴをいくつ持っていますか － 2つです)
  Where will he gó? － He will go to Séndai. (彼はどこへ行くのですか － 仙台です)
・Tóm went thére. (トムはそこへ行った) (cf. He wént thére. (彼はそこへ行った))
  He tóok it óff. (彼はそれを脱いだ) (cf. He tóok off the cóat. (彼は上着を脱いだ))

(CD)－5 イントネーション (intonation) [本文 p. 1743]

(1) 下降調 (falling tone)

[平叙文]
He has a lot of books. ↘ (彼はたくさん本を持っている)
Nothing is so important as time. ↘ (時間ほど貴重なものはない)
[命令文]
Be more careful. ↘ (もっと気をつけなさい)
Don't make such a noise. ↘ (そんなに騒いではいけません)
[感嘆文]
What a pretty flower (this is)! ↘ ((これは)なんときれいな花だろう)
How far it is! ↘ (なんと遠いのだろう)
[疑問詞で始まる疑問文]
Who is the boy? ↘ (その少年はだれですか)
Where is your house? ↘ (お宅はどちらですか)
Who knows? ↘ (だれが知っているのか＝No one knows. (だれも知らない))
Isn't it strange? ↘ (不思議ではないか＝It is very strange. (とても不思議だ))

(2) 上昇調 (rising tone)
[Yes か No で答える一般疑問文]
Are you a lawyer? ↗ (あなたは弁護士ですか)
[依頼文]
Will you close the door, please? ↗ (ドアを閉めてくれませんか)
[平叙文で疑問を表すとき]
You are Chinese? ↗ (あなたは中国人ですか)

(3) 下降上昇調 (falling-rising tone)
[言外に含みを持った気持ちを表す文]
I can come on Saturday. ↘↗ (土曜日なら来られるのですが(ほかの日はだめです))
[質問調の付加疑問文]
You are a policeman, ↘ aren't you? ↗ (あなたは警察官ですか)

(4) 上昇下降調 (rising-falling tone)
[選択疑問文]
Is it black ↗ or white? ↘ (それは黒いですか, 白いですか)

■ 注意すべきイントネーション (詳しくは本文 p. 1743 参照)
① Tom speaks English, ↗ French, ↗ and German. ↘ (トムは英語・フランス語・ドイツ語が話せる)

② If it doesn't rain tomorrow, ↗ we will go swimming. ↘（あす雨が降らなければ私たちは泳ぎに行きます）
She went to the door, ↗ opened it, ↗ and entered the room. ↘（彼女はドアのところへ行き，あけて，部屋に入った）
③ You can swim, ↘ can't you? ↗（あなたは泳げますか）
You can swim, ↘ can't you? ↘（あなたは泳げますね）
④ Would you like milk, ↗ coffee, ↗ or tea? ↘（ミルクにしますか，コーヒーにしますか，それとも紅茶にしますか）
Would you like milk, ↗ or cofee, ↗ or tea? ↗（ミルク，コーヒー，紅茶とか何か飲物はいかがですか）
⑤ I beg your pardon. ↘ / Pardon. ↘（ごめんなさい）
I beg your pardon? ↗ / Pardon? ↗（もう一度おっしゃってください）

■ LET'S TALK

このパートでは **LET'S TALK** コラム中の会話例を収録しています．重要な表現を含んだ会話例を繰り返し聞いて，ナチュラルスピードに慣れましょう．**LET'S TALK** コラム中の日本語の解説もあわせて読みましょう．

CD —6　断りの表現 [本文 p. 30]
[基本]　**I'm afraid ....**
Bill: Would you like to come to my birthday party on Saturday?
　　（土曜日にぼくの誕生日パーティーに来ませんか）
Miho: I'm afraid I have other plans.（あいにくほかの予定があります）

[類例]　**No, thank you.**
A: More coffee?（コーヒーをもう少しどうですか）
B: No, thank you. I've had plenty.（結構です．もう十分いただきました）

CD —7　同意の言葉 [本文 p. 35]
[基本]　**I agree.**
Bill: It's important to recycle our household trash.
　　（家庭のごみをリサイクルすることが大切です）
Kenji: I agree.（ぼくも君と同じ意見です）

[類例]　**That sounds great. / Good idea!**
A: Why don't we go for a drive?（ドライブに行きませんか）

B: That sounds great. (それはいいですね)

CD － 8　同情の言葉 [本文 p. 115]
[基本]　That's too bad.
Miho: I've got a headache. (頭が痛いわ)
Jenny: Oh, that's too bad. Perhaps you should take some aspirin.
　　(まあ，それはお気の毒に．アスピリンを飲んだらいかがですか)

[類例]　I'm sorry to hear that.
A: Our dog died yesterday. (きのううちの犬が死んでしまいました)
B: I'm sorry to hear that. I know you'll miss him a lot.
　(それは残念です．とてもさびしくなるでしょうね)

CD － 9　お祝いの言葉 [本文 p. 327]
[基本]　Congratulations!
Jenny: I passed the examination to New York University.
　　(ニューヨーク大学の入学試験に合格しました)
Miho: Congratulations! That's wonderful. (おめでとう．すごいですね)

[類例]　Well done! / Good job!
A: I won the championship in the tennis tournament. (テニスの大会で優勝しました)
B: Well done! (よくやったね)

CD － 10　注意の引き方 [本文 p. 542]
[基本]　Excuse me.
Miho: Excuse me, do you have the time? (すみません，今何時ですか)
Woman: Yes. It's twelve thirty. (はい．12時半です)

[類例]　Pardon me.
A: Pardon me, but is this seat taken?
　(すみませんが，この席はふさがっていますか)
B: No, it isn't. Please sit down. (いいえ，あいてますよ．どうぞおかけください)

CD － 11　道の尋ね方 [本文 p. 658]
[基本]　How do I get to ...?
Miho: Excuse me, but how do I get to the nearest subway station? (すみません，最寄りの地下鉄の駅にはどのように行けばよいですか)

Officer: Let me see. Go straight ahead. Turn left at the second intersection. The subway station is on your right. （ええと．まっすぐ進んでください．2つ目の交差点を左に曲がると，地下鉄の駅は右手にあります）

[類例]
I'm sorry, but I'm not from here. （すみません．このあたりは不案内です）
Go past the primary school. （小学校を通り過ぎてください）
It's opposite to the bank. （それは銀行の向かい側です）

CD — 12　称賛の表現 [本文 p. 676]
[基本]　**You are a good ....**
Jenny: You are a good cook. （料理が上手ですね）
Kenji: Thank you. Cooking is my hobby.
　　（ありがとう．料理はぼくの趣味なんです）

[類例]　**You look great!**
A: You look great! That jacket is becoming on you.
　　（すてきですね．そのジャケットがよく似合っていますよ）
B: Thank you. This was a birthday present from my parents.
　　（ありがとう．これは両親からの誕生日プレゼントだったのです）

CD — 13　驚きの言葉 [本文 p. 679]
[基本]　**My goodness!**
Bill: Your favorite singer is coming to our school festival.
　　（あなたの一番好きな歌手が学園祭に来るらしいよ）
Miho: My goodness! I can't believe it. （えっ！　信じられないわ）

[類例]　**Wow! / Oh, my!**
A: These are for your birthday. （これは誕生日のお祝いです）
B: Wow! What beautiful flowers! Thanks a lot.
　　（わあ．なんてきれいな花なんでしょう．どうもありがとう）

CD — 14　おごるときの言葉 [本文 p. 699]
[基本]　**Be my guest.**
Kenji: How much is my share? （ぼくの支払い分はいくらですか）
Bill: Never mind. Be my guest this time.
　　（気にしないでください．今回はごちそうしますよ）

[類例]　**It's on me.**
A: You paid last time. It's on me today.
　　（あなたはこの前払いました．きょうは私が払います）
B: Thank you very much.（どうもありがとうございます）

CD－15　喜びを表す表現 [本文 p. 713]
[基本]　**I'm happy to help ....**
Miho: Thanks for helping me with my English.
　　　（私の英語を手伝ってくれてありがとう）
Jenny: Not at all. I'm happy to help you anytime.
　　　（どういたしまして．いつでも喜んで手伝いますよ）

[類例]　**It's nice to have ....**
A: Hello, Dolly. It's nice to have you back with us.
　　（ハロー，ドーリー．あなたが帰ってきてくれてうれしいよ）
B: Hello, Harry. It's nice to be back home.
　　（ハロー，ハリー．帰ってくることができてうれしいわ）

CD－16　提案・勧誘の表現 [本文 p. 762]
[基本]　**How about ...?**
Jenny: What shall we do next Sunday?（今度の日曜日は何をしましょうか）
Miho: How about going on a picnic?（ピクニックに行くのはどうかしら）

[類例]　**Let's ....**
A: Let's have a karaoke party, shall we?（カラオケパーティーを開きましょうよ）
B: That's a good idea.（それはいいですね）

CD－17　ためらいの言葉 [本文 p. 891]
[基本]　**Let me see.**
Bill: On what page do we begin today's history lesson?
　　（きょうの歴史の授業は何ページからですか）
Miho: Let me see..., on page 40, I think.（ええと…，40ページからだと思います）

[類例]　**you know**
A: Do you want to go to a baseball game?（野球の試合を見に行きませんか）
B: Well, you know..., I'm not interested in baseball.
　　（ええと…，私は野球に興味がないのです）

CD-18 希望の表し方 [本文 p. 900]

[基本] **I'd like to send ....**

Clerk: May I help you? （いらっしゃいませ）
Kenji: I'd like to send this letter by special delivery.
　　　（この手紙を速達で送りたいのですが）

[類例] **I wish ....**

A: How do you like Japan? （日本はいかがですか）
B: It's wonderful. But I wish I could speak Japanese better.
　　（すばらしいです．だけどもっと上手に日本語が話せたらいいのですが）

CD-19 期待の表し方 [本文 p. 919]

[基本] **I'm looking forward to ....**

Jenny: What are you going to do first in New York?
　　　（ニューヨークではまず何をなさいますか）
Miho: Sightseeing. I'm looking forward to seeing the Statue of Liberty.
　　　（観光です．自由の女神を見るのを楽しみにしています）

[類例] **I expect her to do**

A: I expect her to do well on the exam. （彼女には試験でうまくやってほしい）
B: I'm sure she will. Don't worry. （彼女は大丈夫ですよ．心配しないでください）

CD-20 気づかいの言葉 [本文 p. 953]

[基本] **What's the matter?**

Miho: What's the matter? You look a little pale.
　　　（どうしたのですか．少し顔色が悪いですよ）
Bill: I have a headache. （頭が痛いのです）

[類例] **Is anything wrong?**

A: Is anything wrong? （どうかしましたか）
B: I'm having a trouble writing a term paper.
　　（期末のレポートを書くのに困っているのです）

CD-21 許可の求め方 [本文 p. 955]

[基本] **May I ...?**

Miho: May I use your racket? （あなたのラケットを使ってもいいですか）
Jenny: Sure. （ええ，もちろん）

[類例]　**Do you mind if ...?**
A: Do you mind if I use this computer?（このコンピュータを使ってもいいですか）
B: Of course not.（もちろん，いいですよ）

CD — 22　言い換えの表現 [本文 p. 958]
[基本]　**I mean ....**
Kenji: Do you think I should buy this software?
　　　（ぼくはこのソフトを買うべきだと思いますか）
Bill: I don't think so. I mean, it's difficult to use.
　　（そうは思いません．というのは，それは使い方が難しいのです）

[類例]　**That is ....**
A: Do you like your new job?（新しい仕事は気に入っていますか）
B: Not so much. That is, it's interesting but difficult.（それほどではありません．つまり，仕事は面白いのですが，難しいのです）

in other words
There is a three-year guarantee on this computer. In other words, you don't have to pay repair costs for three years.（このコンピュータには3年間の保証が付いています．つまり，3年間は修理費を払わなくてよいのです）

CD — 23　出会いのあいさつ [本文 p. 1037]
[基本]　**Nice to meet you.**
Jenny: Emily, this is Miho, my friend from Japan.
　　　（エミリー，こちらは私の友人で日本から来たミホよ）
Emily: Nice to meet you.（はじめまして）
Miho: Nice to meet you, too.（こちらこそ，はじめまして）

[類例]　**How are you doing? / What's up? / How are things?**
A: Hi, John. How are you doing?（ジョン，元気ですか）
B: Not bad at all. How about you?（元気だよ．あなたはどうですか）

CD — 24　聞き返しの言葉 [本文 p. 1116]
[基本]　**Pardon?**
Bill: You're going out with me tomorrow, aren't you?（あしたデートしてくれるよね）
Miho: Pardon? Did you say tomorrow?（もう一度言ってください．あしたですか）

[類例]　**Could you say that again?**
A: Please pick me up around seven o'clock.（7時頃に迎えに来てください）
B: I'm sorry, but could you say that again?（すみません，もう一度言ってください）

CD — 25　予定の述べ方 [本文 p. 1160]
[基本]　**I'm planning to get ....**
Bill: I'm planning to get a driver's license.（運転免許を取る予定です）
Kenji: Really? That's great!（本当ですか．それはすごいですね）

[類例]　**I'm thinking of going ....**
A: What will you do after you graduate from high school?
　（高校を卒業したあと，どうする予定ですか）
B: I'm thinking of going on to college.（大学に進学しようと思っています）

CD — 26　相づちの言葉 [本文 p. 1254]
[基本]　**Really?**（↘）
Jenny: I'm getting a little tired.（少し疲れたわ）
Miho: Really? Why don't we take a break?（あら，そう．少し休みましょうか）

[類例]　**I see.**
A: Push this button to recline your seat.
　（背もたれを倒すにはこのボタンを押してください）
B: Oh, I see.（ああ，わかりました）

CD — 27　確認の言葉 [本文 p. 1299]
[基本]　**..., right?**
Kenji: Your new computer can do this much faster, right?
　　（これは君の新しいコンピュータだとずっと早くできるよね）
Bill: Yes, I think so.（はい，そう思います）

[類例]　**Do you follow me? / Do you know what I mean?**
A: Take two pills after every meal for one week. Do you follow me?
　（毎食後2錠の薬を1週間飲んでください．いいですか）
B: Yes, I understand, Dr. Smith.（ええ，わかりました，スミス先生）

CD — 28　別れのあいさつ [本文 p. 1354]
[基本]　**See you.**

Miho: I have to go now. I'll be seeing you.（もう行かなくちゃ．またね）
Jenny: See you.（じゃあね）

[類例]　Bye. / Goodbye.
A: I'm leaving for London tomorrow. Bye.
　（私はあすロンドンに出発します．では，また）
B: Have a nice trip. Goodbye.（よい旅を．さようなら）

CD－29　助言の仕方 [本文 p. 1386]
[基本]　I think you should ....
Kenji: Oh, I've lost my camera.（おや，カメラをなくしてしまった）
Bill: I think you should go to the Lost and Found Office.
　（遺失物取扱所に行ったほうがいいですよ）

[類例]　Do you think I should ...?
A: I'm thinking of buying a new car. Do you think I should buy one now?
　（新しい車を買おうと思っています．今買うのがよいと思いますか）
B: You had better wait until the new models come out.
　（新型のモデルが発売になるまで待ったほうがいいですね）

CD－30　謝罪の言葉 [本文 p. 1434]
[基本]　I'm sorry.
Miho: I'm sorry I have kept you waiting.（お待たせしてすみません）
Bill: That's all right.（いいんですよ）

[類例]　I apologize. / Please forgive me.
A: I made a big mistake the other day. I apologize.
　（先日は大きな間違いをしました．おわびします）
B: Please forget it.（いいんですよ）

CD－31　確信の表し方 [本文 p. 1506]
[基本]　I'm sure ....
Miho: Will Kenji come on time?（ケンジは時間通りに来ますか）
Bill: I'm sure he will. He is always punctual.
　（きっと来ますよ．彼はいつも時間を守るから）

[類例]　I have no doubt (that) .... / I'm certain (that) ....
A: I have no doubt he will pass the exam to that university.
　（私は彼がその大学の試験に合格することを確信しています）

B: No doubt about it! He's a very bright guy.
　（間違いないですよ．彼はとても頭のよい男だから）

CD—32　感謝の言葉 [本文 p. 1545]
[基本]　Thank you.
Bill: I'll show you around the school.（学校を案内してあげよう）
Kenji: Thank you. That's very kind of you.（ありがとう．親切ですね）

[類例]　You're welcome. / That's all right. / Not at all. / My pleasure.
A: Thank you for this book.（この本をありがとう）
B: You're welcome.（どういたしまして）

CD—33　意見の表し方 [本文 p. 1557]
[基本]　I think ....
Jenny: What do you think of my new dress?（私の新しい服はどうかしら）
Miho: I think you look wonderful in it.（それを着ているとすてきですよ）

[類例]　In my opinion, ... / My opinion is (that) ....
A: Are you for or against building a new airport?（あなたは新しい空港を建設する計画に賛成ですか，それとも反対ですか）
B: Against. In my opinion, it will damage the environment.
　（反対です．私の考えではそのことで環境が破壊されると思います）

CD—34　励ましの言葉 [本文 p. 1721]
[基本]　Don't worry.
Kenji: Oh, I haven't finished my assignment yet.（ああ，課題がまだ終わらないよ）
Bill: Don't worry. We have a lot of time.（心配しないで．時間は十分あります）

[類例]　Good luck. / Keep trying.
A: Our team has a soccer match this weekend.
　（私たちのチームは今週末にサッカーの試合があります）
B: Good luck!（頑張ってください）

CD—35　依頼の表現 [本文 p. 1724]
[基本]　Would you ...?
Miho: Would you send this letter for me?（この手紙を出してくださいませんか）
Jenny: Sure, I'd be happy to.（いいですよ，喜んで）

[類例] **Could you ...?**

A: Could you tell me which train is for Boston?
(どれがボストン行きの列車か教えていただけませんか)

B: Sorry, I'm a tourist here, too.
(すみません，私もここには観光で来たのです)

■ PICTURE BOX

　このパートでは **PICTURE BOX** コラム中の右側の動作表現を収録しています．ネイティブスピーカーに続けて発音してみましょう．主語をつけ，動詞の時制を変えて，文の形にして練習してみてもよいでしょう．また，「空港・デパート・ホテル」などの箇所にはその場面でよく使われる会話を，「教室」では教室でよく使う表現を収録しています．

CD －36　at the airport（空港で）[本文 p. 40]

check in at the counter（チェックインする）/ check one's bag（荷物を預ける）/ go through the metal detector（金属探知ゲートを通る）/ show one's passport（パスポートを見せる）/ make a customs declaration（税関で申告する）/ reconfirm one's flight reservation（予約を再確認する）

DIALOG 1 [at the check in counter（チェックインカウンターで）]

A: Hi, I'd like to check in.（こんにちは．チェックインしたいのですが）

B: May I have your ticket and passport?（チケットとパスポートをお願いします）

A: Sure.（どうぞ）

B: Mr. Sato, which would you prefer, a window seat or an aisle seat?
(佐藤様，窓側と通路側の席のどちらがよろしいですか)

A: A window seat, please.（窓側の席をお願いします）

B: All right. Here is your boarding pass. Your gate is 15. The boarding time is three forty.（はい．こちらが搭乗券です．ゲートは 15 になります．搭乗時刻は 3 時 40 分です）

A: Thank you.（ありがとう）

B: Have a nice flight.（よい旅を）

DIALOG 2 [at immigration（税関で）]

A: Your passport and immigration card, please.
(パスポートと入国カードをお願いします)

B: Here you are.（どうぞ）

A: What's the purpose of your visit?（訪問の目的は何ですか）
B: Sightseeing.（観光です）
A: How long are you going to stay?（どのくらい滞在する予定ですか）
B: For five days.（5日間です）

CD—37 baseball（野球）[本文 p. 127]

pitch（投げる）/ bunt（バントする）/ hit a home run（ホームランを打つ）/ catch a fly（フライを捕る）/ field a grounder（ゴロを捕る）/ steal（盗塁する）

CD—38 basketball（バスケットボール）[本文 p. 129]

toss a jump ball up（ジャンプボールを上げる）/ dribble a ball（ボールをドリブルする）/ pass a ball（ボールをパスする）/ make a shot（シュートする）/ make a dunk shot（ダンクシュートをする）/ make a free throw（フリースローをする）

CD—39 in the bathroom（浴室で）[本文 p. 130]

run hot water into a bathtub（浴槽に湯を張る）/ sit in a hot bath（熱いふろに入る）/ wash oneself（体を洗う）/ shampoo one's hair（髪を洗う）/ take a shower（シャワーを浴びる）/ dry oneself with a towel（タオルで体をふく）

CD—40 in the bedroom（寝室で）[本文 p. 140]

put on one's pajamas（パジャマを着る）/ write in one's diary（日記を書く）/ set the alarm clock（目覚まし時計をセットする）/ draw the curtain（カーテンを引く）/ turn out the light（明かりを消す）/ have a dream（夢を見る）

CD—41 car（自動車）[本文 p. 234]

fasten one's seat belt（シートベルトを締める）/ start the engine（エンジンをかける）/ step on the clutch（クラッチを踏む）/ shift gears（ギアを切り替える）/ step on the accelerator（アクセルを踏む）/ turn the steering wheel（ハンドルを切る）

CD—42 in the classroom（教室で）[本文 p. 279]

call the roll（出欠をとる）/ read the textbook（教科書を読む）/ take notes（ノートを取る）/ ask a question（質問する）/ look up a word in the dictionary（辞書で単語を調べる）/ doze off（居眠りする）

[useful expressions]

Would you speak more slowly, please?（もう少しゆっくり話してください）
I don't understand. What do you mean?（わかりません．どういう意味ですか）
Please say that again.（もう一度言ってください）
How do you spell "rabbit"?（"rabbit"はどのようにつづりますか）

CD －43　computer（コンピュータ）[本文 p. 318]

input data（データを入力する）/ click an icon（アイコンをクリックする）/ print out data（データを印刷する）/ save data on a disk（ディスクにデータを保存する）/ send an email（E メールを送る）/ install a game（ゲームをインストールする）

CD －44　at a department store（デパートで）[本文 p. 415]

1) May I help you?（いらっしゃいませ）
2) Yes, I'm looking for a bag.（バッグを探しています）
3) How about this one?（こちらはいかがですか）
4) Good. I'll take it.（いいですね．それをください）
5) How much is it?（いくらですか）
6) It's thirty dollars.（30 ドルになります）

DIALOG 1 [at the store entrance（店の入り口で）]

A: Hi. Can I help you?（こんにちは．何かお探しですか）
B: I'm just looking, thank you.（見ているだけです．ありがとう）

DIALOG 2 [trying something on（試着）]

A: Excuse me, do you have these jeans in a 30-inch waist?（すみません，このジーンズの 30 インチのものはありますか）
B: Just a moment, please. Here you are.（少々お待ちください．こちらです）
A: Can I try them on?（試着してもいいですか）
B: Certainly. The fitting room is over there.（どうぞ．試着室はあちらです）

DIALOG 3 [at the cashier（レジで）]

A: I'll take this.（これをください）
B: Cash or charge?（お支払いは現金ですか，カードですか）
A: Cash, please.（現金でお願いします）

CD －45 at a fast-food restaurant（ファーストフード店で）
[本文 p. 571]
1) May I help you?（いらっしゃいませ）
2) Two hamburgers, please.（ハンバーガーを２つください）
3) Anything else?（ほかにご注文は？）
4) No, that's all.（いいえ, ありません）
5) For here or to go?（店内で食べますか, お持ち帰りですか）
6) To go, please.（持ち帰ります）

DIALOG [at a coffee shop（コーヒーショップで）]
A: Hi. Ready to order?（こんにちは. ご注文はお決まりですか）
B: I'll have a large cappuccino, please.（ラージのカプチーノをください）
A: All right. That will be $2.80.（それでは, ２ドル80セントになります）

CD －46 at the hotel（ホテルで）[本文 p. 758]
check in at the front desk（フロントでチェックインする）/ receive a room key（部屋のかぎを受け取る）/ hand one's bags to a bellhop（ボーイにバッグを渡す）/ be shown to one's room（部屋に案内される）/ ask for a wake-up call（モーニングコールを頼む）/ check out（チェックアウトする）

DIALOG 1 [checking in（チェックイン）]
A: Good afternoon, ma'am. Welcome to the Chelsea hotel.
  （こんにちは. ようこそチェルシーホテルへ）
B: Hi. I have a reservation. My name is Nakata.
  （こんにちは. 予約をしています. 中田です）
A: Ms. Nakata, you have a single room for four nights.
  （中田様, シングルのお部屋を４泊ですね）
B: Yes, that's correct.（はい, そうです）
A: Here is your key. The room number is 855.
  （こちらがお部屋のかぎです. お部屋は855室になります）
B: Thank you.（ありがとう）

DIALOG 2 [checking out（チェックアウト）]
A: I'd like to check out.（チェックアウトをお願いします）
B: Certainly. Here is your statement. Could I have your credit card, please?（かしこまりました. こちらが明細書になります. クレジットカードをお預かりしてもよろしいですか）
A: Yes, here you are.（はい, どうぞ）

CD－47 in the house（家の中で）[本文 p. 760]

mop the floor（床を掃除する）/ do the laundry（洗濯する）/ take the dog for a walk（犬を散歩させる）/ water the flowers（花に水をやる）/ check the mailbox（郵便受けを確認する）/ wash the dishes（皿を洗う）

CD－48 in the kitchen（台所で）[本文 p. 858]

mix together the flour and milk（小麦粉と牛乳を混ぜる）/ beat the flour and eggs（小麦粉と卵をかき混ぜる）/ pare some apples（リンゴの皮をむく）/ chop up the apples（リンゴを切る）/ stew the apples（リンゴを煮る）/ bake an apple pie（アップルパイを焼く）

CD－49 in the living room（居間で）[本文 p. 911]

sit in a chair（いすに座る）/ lie down on a sofa（ソファーに横になる）/ play cards（トランプをする）/ watch TV（テレビを見る）/ listen to music（音楽を聴く）/ have a chat over a cup of tea（お茶を飲みながらおしゃべりをする）

CD－50 orchestra（オーケストラ）[本文 p. 1086]

play the cello（チェロを弾く）/ play the clarinet（クラリネットを吹く）/ play the flute（フルートを吹く）/ play the horn（ホルンを吹く）/ play the trumpet（トランペットを吹く）/ play the violin（バイオリンを弾く）

CD－51 rock（ロック）[本文 p. 1307]

sing a song（歌を歌う）/ sing in harmony（ハーモニーをつけて歌う）/ shout the words（叫ぶように歌う）/ pluck the strings（弦をつま弾く）/ strike keys（けん盤をたたく）/ beat the drum（ドラムをたたく）

CD－52 soccer（サッカー）[本文 p. 1424]

pass（パスする）/ dribble（ドリブルする）/ shoot（シュートする）/ take a penalty kick（ペナルティーキックをする）/ make a diving catch（ダイビングキャッチする）/ throw in（スローインをする）

CD－53 at the station（駅で）[本文 p. 1465]

buy a ticket（切符を買う）/ pass through the wicket（改札口を通る）/ check the timetable（時刻表を確認する）/ give one's seat to a senior citizen（お年寄りに席を譲る）/ hang on to a strap（つり革につかまる）/ change trains（列車を乗り換える）

DIALOG [at a ticket office（切符売り場で）]
A: One round-trip ticket to Washington, D.C., please.（ワシントンDCまでの往復切符をください）
B: 52 dollars.（52ドルです）
A: What time does the next train leave?（次の列車は何時に出ますか）
B: At 11:30.（11時30分です）
A: Thank you.（ありがとう）

CD−54　telephone（電話）[本文 p. 1536]
1) Hello.（もしもし）
2) Hello, this is Akio speaking.（もしもし, アキオですが）
3) May I speak to Mary?（メアリーをお願いします）
4) Sorry, she's out now.（すみません. 今出かけています）
5) Can I take a message?（伝言はありますか）
6) No, thank you. I'll call back again.（いいえ. あとでかけ直します）

CD−55　tennis（テニス）[本文 p. 1540]
serve（サーブする）/ receive（レシーブする）/ volley（ボレーをする）/ smash（スマッシュする）/ make a forehand stroke（フォアハンドで打つ）/ make a backhand stroke（バックハンドで打つ）

CD−56　at the theater（劇場で）[本文 p. 1550]
stand in line（列に並ぶ）/ show one's ID card（身分証明書を見せる）/ buy a ticket（チケットを買う）/ look for one's seat（自分の席を探す）/ push down the seat（いすを押し下げる）/ read the program（プログラムを読む）

DIALOG [at a ticket window（切符売り場で）]
A: May I help you?（いらっしゃいませ）
B: Yes, I'd like two seats for tonight.（今晩の席を2枚欲しいのですが）
A: How about these two seats?（こちらの2席はいかがですか）
B: OK, I'll take them. Do you have a student price?（はい, その席にします. 学割料金はありますか）
A: Yes. Can I have your ID, please.（はい. 身分証明書をお願いします）